Explorar el civismo

Jugar limpio

Sue Barraclough

Heinemann Library,
Chicago, IL

www.heinemannraintree.com
Visit our website to find out
more information about
Heinemann-Raintree books.

To order:
☎ Phone 888-454-2279
▢ Visit www.heinemannraintree.com
to browse our catalog and order online.

©2011 Heinemann Library
an imprint of Capstone Global Library, LLC
Chicago, Illinois

Edited by Rebecca Rissman and Catherine Veitch
Designed by Ryan Frieson and Betsy Wernert
Picture research by Elizabeth Alexander and
Rebecca Sodergren
Production by Duncan Gilbert
Originated by Heinemann Library
Printed in China by South China Printing Company Ltd
Translation into Spanish by DoubleOPublishing Services

Library of Congress Cataloging-in-Publication Data
Barraclough, Sue.
  [Fair play. Spanish]
Jugar limpio / Sue Barraclough.
    p. cm.—(Explorar el civismo)
Includes bibliographical references and index.
ISBN 978-1-4329-4460-5 (hc)—ISBN 978-1-4329-4468-1 (pb)
1. Sportsmanship—Juvenile literature. 2. Conduct of life—
Juvenile literature. 3. Respect for persons—Juvenile literature. I.
Title.
GV706.3.B36818 2011
175—dc22   2010004620

Acknowledgments

We would like to thank the following for permission to reproduce
photographs: Alamy **pp. 7** (© Ben Molyneux People), **13**
(© Photostockfile), **18** (© Radius Images); © Corbis **9**; Corbis
pp 4 (© SW Productions/Brand X), **5** (© Jim Craigmyle), **6**
(© Randy Faris), **8** (© Image Source), **12** (© Lawrence Manning),
20 (© Everett Kennedy Brown/EPA), **22** (© Diego Azubel/epa),
26 (© William Manning); Getty Images **pp. 10** (Julian Finney), **11**
(Corey Davis), **15** (Nikolaevich/Taxi), **17** (Jim Doberman/Taxi), **19**
(Sandra Behne/Bongarts), **23** (Jim McIsaac), **24** (Dean Treml/
Stringer/AFP), **27** (JJ/Taxi), **29** (Symphonie/Iconica); PA Photos
p. 14 (Christof Stache/AP); Photolibrary **p. 16** (Corbis).

Cover photograph of soccer teams exchanging handshakes
reproduced with permission of Corbis (© Fancy/Veer).

The publishers would like to thank Yael Biederman for her help in
the preparation of this book.

Every effort has been made to contact copyright holders of any
material reproduced in this book. Any omissions will be rectified
in subsequent printings if notice is given to the publisher.

All the Internet addresses (URLs) given in this book were valid at
the time of going to press. However, due to the dynamic nature of
the Internet, some addresses may have changed, or sites may have
changed or ceased to exist since publication. While the author
and publisher regret any inconvenience this may cause readers, no
responsibility for any such changes can be accepted by either the
author or the publisher.

Contenido

Algunas palabras aparecen en negrita, **como éstas**.
Puedes averiguar sus significados en el glosario.

¿Qué es el civismo?

El civismo tiene que ver con formar parte de un grupo. Un grupo puede ser una familia, una clase de la escuela, un equipo o un país. Un ciudadano tiene ciertos **derechos** y **responsabilidades**.

Hay que ser justo con todos los miembros de un grupo.

Tener derechos significa que los demás deben tratarte de cierta forma. Tener responsabilidades significa que debes intentar actuar o comportarte de cierta forma con los demás.

Un buen ciudadano se asegura de considerar a todos.

¿Qué es jugar limpio?

Jugar **limpio** es una forma de actuar o comportarte cuando estás jugando algún juego o deporte. Jugar limpio es comprender que la forma en que te comportas es importante y afecta a los demás.

Jugar limpio es ser amable y gentil con los demás.

Sin importar cuál sea el juego, siempre debes esperar que los demás jueguen limpio.

Tienes la **responsabilidad** de comportarte de manera justa. También tienes el **derecho** de que los demás te traten de manera justa.

Respetar a los demás

Hacerle caso al árbitro es parte de jugar limpio.

Jugar **limpio** también tiene que ver con **respetar** a los demás, como a los jugadores, entrenadores, árbitros y espectadores. Todos tienen el **derecho** de participar y ser tratados con respeto.

Jugar limpio tiene que ver con tomarse el tiempo de escuchar y comprender las instrucciones. Los entrenadores y maestros tienen conocimientos y experiencias que compartir. Todos los jugadores de un equipo deben poder dar su opinión.

Respetar a las personas es tratarlas de manera justa y amable.

Seguir las reglas

Jugar **limpio** tiene que ver con comprender que las **reglas** son útiles. Las reglas que indican cómo se juega un deporte y qué ropa se debe usar han sido **acordadas** por todos. Las reglas hacen que los juegos y deportes sean más seguros.

Cada deporte tiene sus propias reglas.

Es importante que todos estén de acuerdo en jugar de cierta forma. Todos deben estar de acuerdo en jugar siguiendo las mismas reglas. Todos deben estar de acuerdo en que las reglas sean justas.

Las reglas buenas son justas para todos.

No seguir las reglas

A veces, estás tan ansioso por ganar que te olvidas de jugar **limpio**. A veces, te olvidas de las **reglas** y haces algo que no está permitido.

Los árbitros observan para asegurarse que todos jueguen limpio.

Jugar limpio tiene que ver con admitir los errores o disculparte si has hecho algo incorrecto. Siempre debes:

- decir "lo siento" cuando sea necesario
- ayudar a los demás jugadores si se han lastimado
- tratar de no gritar ni enojarte

El árbitro decide si alguien no ha seguido las reglas.

¿Qué es hacer trampa?

Hacer trampa es no seguir las **reglas**. Es decidir no jugar limpio con tal de ganar.

Piénsalo

¿Es hacer trampa si nadie te ve romper las reglas?

¿Te sentirías feliz si hubieras hecho trampa para ganar?

Como miembro del equipo, es tu **responsabilidad** cumplir con las reglas del juego.

Si haces trampa o no cumples con las reglas, los demás quizás no te vean ni te descubran. Pero incluso si no te descubren, tú sí lo sabrás. Aunque ganes, esto puede impedir que te sientas contento.

Controlar tus sentimientos

¿Crees que es bueno gritar cuando estás enojado?

A veces, puedes sentirte molesto o enojado por algo que ha ocurrido en un juego. Quizás otro jugador te golpeó, te hizo caer o te empujó. Trata de no tomártelo como algo personal. Esfuérzate en continuar y jugar bien.

Cuando juegas **limpio**, no gritas, **insultas**, ni te burlas de los demás. Cuando juegas limpio, no devuelves un golpe ni discutes con otros jugadores. Puedes tratar de usar toda tu energía para jugar lo mejor que puedas.

¿Cómo te sentirías si alguien te gritara?

Hablar del problema

Si ves que alguien hace trampa o no juega limpio, habla con el entrenador o el árbitro sobre este problema, durante o después del juego. Intenta no gritar ni discutir con otros jugadores ni con los adultos.

¿Cómo crees que se siente el árbitro cuando alguien le grita?

¿Crees que ésta es una mejor manera de hablarle a un árbitro?

Recuerda que puedes tratar de cambiar las cosas. Debes hablar sobre las cosas que no te gustan. Es importante que sigas las **reglas** y que te comportes bien porque crees que es lo correcto y estás de **acuerdo** con las reglas.

Ayudar a los demás

Trata a los demás jugadores como te gustaría que te trataran a ti. Si alguien se tropieza y se cae, se sentirá mejor si lo ayudas a levantarse.

En Japón, una tarjeta verde muestra que el árbitro ha detectado un buen comportamiento.

Jugar **limpio** tiene que ver con ser un buen integrante del equipo. Los buenos jugadores de equipo intentan ganar como parte del equipo, no sólo como individuos.

Un buen integrante del equipo

- **anima** a sus compañeros de equipo
- aplaude el juego limpio
- juega **limpio** y sigue las **reglas**
- da lo mejor de sí por su equipo
- trabaja con los demás y los ayuda
- se **comunica** bien
- se comporta de forma alegre y amable

Buenos modelos de conducta

Los buenos modelos de conducta son **humildes** cuando ganan.

La **destreza** atlética por sí sola no hace a un buen jugador y a un **modelo de conducta**. Un modelo de conducta juega bien, y también juega **limpio**. Además, se comporta de forma justa y amable con los demás jugadores.

A veces, algunas estrellas del deporte se comportan mal. No imites este mal comportamiento, aunque sea tu héroe deportivo. Los jugadores que se pelean o discuten durante un juego o partido son malos ejemplos.

Gane o pierda, un buen modelo de conducta es amable y gentil.

Ganar y perder

A todos nos gusta ganar. Todos nos sentimos bien cuando ganamos un juego o una carrera. Compartir el éxito con los compañeros de equipo nos hace sentir bien.

¿Cómo se siente ganar?

Si pierdes, quizás te sientas triste. Jugar **limpio** tiene que ver con comportarte bien aunque pierdas y aplaudir a los ganadores. El otro jugador, o el otro equipo, ganó porque jugó mejor, así que puedes tratar de jugar mejor la próxima vez.

Consejos para ser un buen perdedor

- Trata de controlar tus sentimientos.
- Di "bien hecho" al jugador o equipo ganador.
- Di "gracias" a los jueces, árbitros y otros funcionarios.

¿Es importante jugar limpio?

Jugar **limpio** te hace sentir bien. Jugar limpio hará que los demás te **respeten** y confíen en ti. Si juegas limpio, serás un buen **modelo de conducta**.

Jugar limpio es felicitar a los demás miembros del equipo.

Ser parte de un equipo puede ayudarte a hacer buenos amigos.

Jugar limpio es importante porque significa que los deportes y juegos pueden ser divertidos para todos. Divertirse y hacer amigos es más importante que ganar.

Jugar limpio y divertirse

Jugar **limpio** tiene que ver con divertirse y aprender nuevas **destrezas**. Jugar limpio te hace sentir bien y hace que los deportes y juegos sean más seguros y más justos para todos.

Lista de control para jugar limpio

- ☑ sigue las **reglas acordadas**
- ☑ toma turnos y comparte
- ☑ **respeta** a los demás
- ☑ ayuda a los demás
- ☑ trata de controlar tus sentimientos
- ☑ sé **humilde** cuando ganes
- ☑ sé **generoso** cuando pierdas

Te sientes orgulloso cuando has jugado bien y has jugado limpio. Se siente bien ser parte de un equipo.

Es divertido ganar cuando todos han trabajado en equipo.

Glosario

acordar cuando dos o más personas opinan lo mismo sobre algo

animar actuar o comportarse de forma tal que ayude a alguien a hacer algo

comunicar hablar y escuchar

derecho cómo deben tratarte los demás, de una forma que la mayoría de las personas considera buena o justa

destreza capacidad de hacer algo

generoso amable y que está dispuesto a dar a los demás

humilde que no alardea ni presume

insultar decir palabras poco amables o palabras groseras

manera justa forma de comportamiento que trata a todos por igual y que todos aprecian

modelo de conducta alguien a quien admiras. Un modelo de conducta es una persona cuyo comportamiento tratas de imitar.

regla algo que indica cómo deben hacerse las cosas, y qué está y no está permitido

respetar tratar a alguien o algo con amabilidad y gentileza

responsabilidad algo que debes hacer como miembro bueno y útil de un grupo

Aprende más

Libros

Loewen, Nancy. *We Live Here Too: Kids Talk About Good Citizenship*. Mankato, Minn.: Picture Window, 2005.

Mayer, Cassie. *Seguir las reglas*. Chicago: Heinemann Library, 2008.

Mayer, Cassie. *Ser justo*. Chicago: Heinemann Library, 2008.

Small, Mary. *Ser buenos ciudadanos: Un libro sobre el civismo*. Mankato, Minn.: Picture Window, 2007.

Small, Mary. *Ser justos: Un libro sobre la justicia*. Mankato, Minn.: Picture Window, 2007.

Sitio web

www.hud.gov/kids

Este sitio web del gobierno enseña a los niños el significado de ser buenos ciudadanos.

Índice